使用说明

手绘思维导图法基本步骤

一、要准备的东西有

1. 白纸一张。
2. 至少三种颜色以上的笔。

二、请你跟我这样做

1. 空白纸张横放,从中央开始写上主题。
2. 主脉由粗到细,线条呈现放射狀。
3. 关键词词要写在线条的上方,文字长度等于线段的长度。
4. 一个线段上只能放一个关键词词或关键图。
5. 同一主脉,从头到尾都只能用同一种颜色。

结婚更快乐？

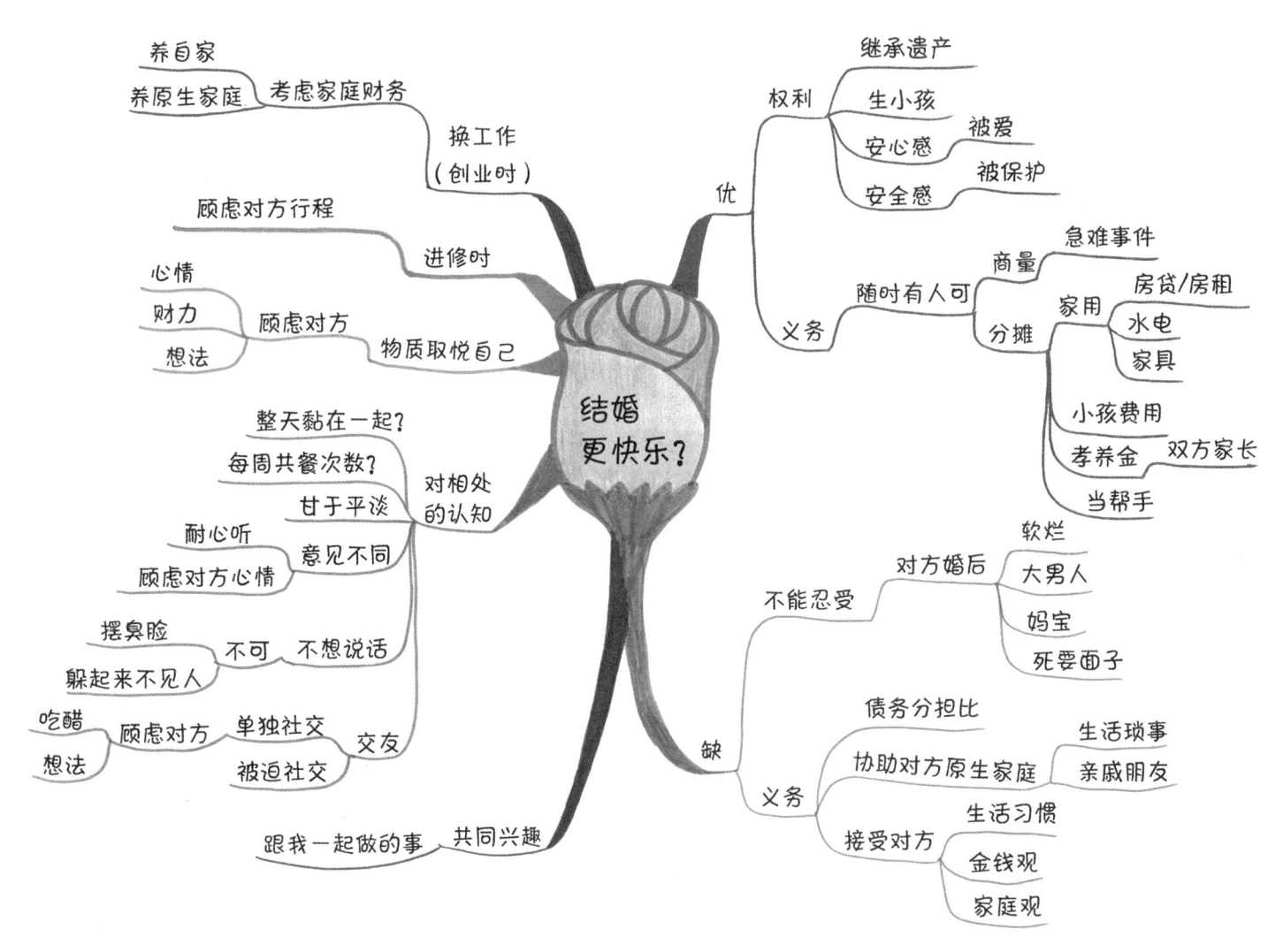

优

权利
- 继承遗产
- 生小孩
- 安心感 — 被爱
- 安全感 — 被保护

义务
- 随时有人可
  - 商量 — 急难事件
  - 分摊
    - 家用
      - 房贷/房租
      - 水电
      - 家具
    - 小孩费用
    - 孝养金 — 双方家长
    - 当帮手

考虑家庭财务
- 养自家
- 养原生家庭

换工作（创业时）

进修时
- 顾虑对方行程

顾虑对方
- 心情
- 财力
- 想法

物质取悦自己

缺

对相处的认知
- 整天黏在一起？
- 每周共餐次数？
- 甘于平淡
- 意见不同
  - 耐心听
  - 顾虑对方心情
- 不想说话
  - 不可
    - 摆臭脸
    - 躲起来不见人

交友
- 顾虑对方
  - 吃醋
  - 想法
- 单独社交
- 被迫社交

共同兴趣
- 跟我一起做的事

不能忍受
- 对方婚后
  - 软烂
  - 大男人
  - 妈宝
  - 死要面子

义务
- 债务分担比
- 协助对方原生家庭
  - 生活琐事
  - 亲戚朋友
- 接受对方
  - 生活习惯
  - 金钱观
  - 家庭观

※ 动手画画看属于自己的思维导图

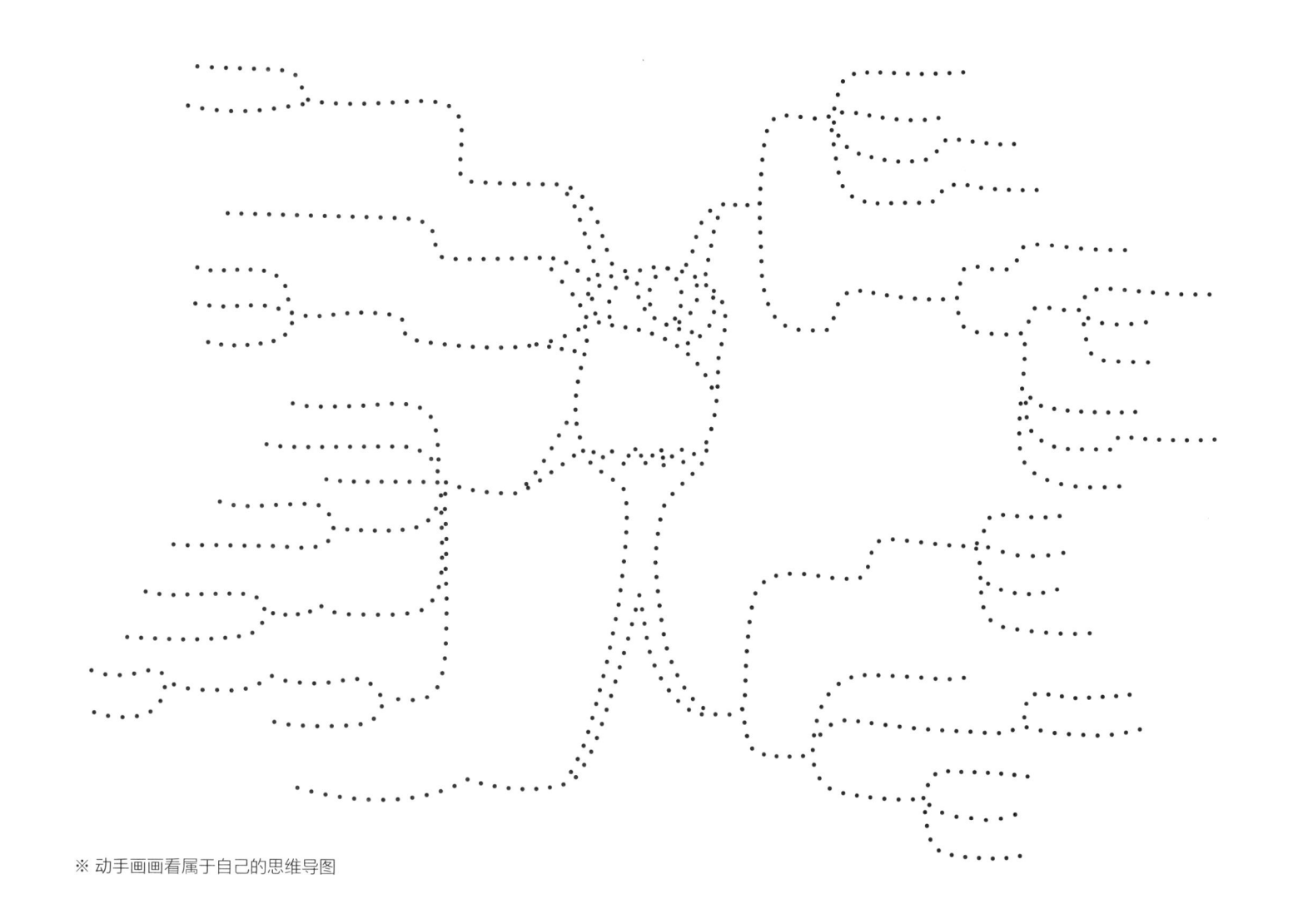

告白

报告笔记

8

阅读笔记

看完电影

演讲笔记

欢迎复制，尽情练习

今年你想
存多少钱 $

※ 建议可从以下方向思考：1. 有哪些收入来源　2. 计划把钱存在哪里　3. 有哪些预期支出……

食谱笔记

""

单字笔记

搬家

购物清单

游乐园攻略笔记

周计划

Sun Mon Tue Wed Thu Fri Sat

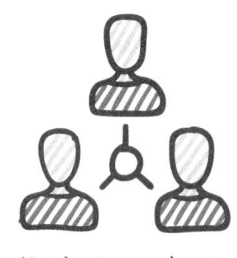

邀请客人来访